AMHARIC
TRUCK AND CAR
CHILDREN'S BOOK

20 TRUCKS AND CARS TO MAKE YOUR CHILD SMILE

AUTHOR
ROAN WHITE

ILLUSTRATIONS
FEDERICO BONIFACINI

Made in the USA
Las Vegas, NV
21 December 2021

አምቡላንስ

የኮንቴነር ጭነት መኪና

ቡል ዶዘር

አውቶብስ

ሚክሰር

ገልባጭ መኪና

እስካቫተር

የእሳት አደጋ መኪና

የኮንቴነር መኪና

የቆሻሻ ማንሻ መኪና

Como los magos me encontraron debajo de la estrella...

"Jesús nació en Belén de Judea durante el reinado de Herodes. Por ese tiempo, algunos sabios de países del oriente llegaron a Jerusalén y preguntaron: " ¿Dónde está el rey de los judíos que acaba de nacer? Vimos su estrella mientras salía y hemos venido a adorarlo»... Después de esa reunión, los sabios siguieron su camino, y la estrella que habían visto en el oriente los guió hasta Belén. Iba delante de ellos y se detuvo sobre el lugar donde estaba el niño. Cuando vieron la estrella, ise llenaron de alegría! Entraron en la casa y vieron al niño con su madre, María, y se inclinaron y lo adoraron. Luego abrieron sus cofres de tesoro y le dieron regalos de oro, incienso y mirra." Mateo 2:1-2; 9-11

Yo siempre te encuentro en dondequiera que estés...

"Me ves cuando viajo y cuando descanso en casa. Sabes todo lo que hago. Sabes lo que voy a decir incluso antes de que lo diga, SEÑOR. Vas delante y detrás de mí. Pones tu mano de bendición sobre mi cabeza." Salmos 139:3-5

"Además, yo estoy contigo y te protegeré dondequiera que vayas." Génesis 28:15

Yo sé el número de cabellos en tu cabeza...

"¿Cuánto cuestan dos gorriones: una moneda de cobre? Sin embargo, ni un solo gorrión puede caer a tierra sin que el Padre lo sepa. En cuanto a ustedes, cada cabello de su cabeza está contado. Así que no tengan miedo; para Dios ustedes son más valiosos que toda una bandada de gorriones." Mateo 10:29b-31

Salón de Belleza

Sala de espera

Yo sé el número de lágrimas que has derramado.

"Pero Dios escuchó llorar al muchacho, y el ángel de Dios llamó a Agar desde el cielo: «Agar, ¿qué pasa? ¡No tengas miedo! Dios ha oído llorar al muchacho, allí tendido en el suelo.» Génesis 21:17

"Estoy agotado de tanto llorar; toda la noche inundo mi cama con llanto, la empapo con mis lágrimas. El dolor me nubla la vista... El Señor ha escuchado mi ruego; el Señor responderá a mi oración." Salmos 6:6-7a; 9

Yo sé los deseos y sueños en tu corazón.

"...yo soy el que escudriña la mente y el corazón." Apocalipsis 2:23 NVI

"Oh Señor, has examinado mi corazón y sabes todo acerca de mí.
Sabes cuándo me siento y cuándo me levanto;
conoces mis pensamientos aun cuando me
encuentro lejos." Salmos 139:1-2

Yo he estado aquí contigo desde el principio.

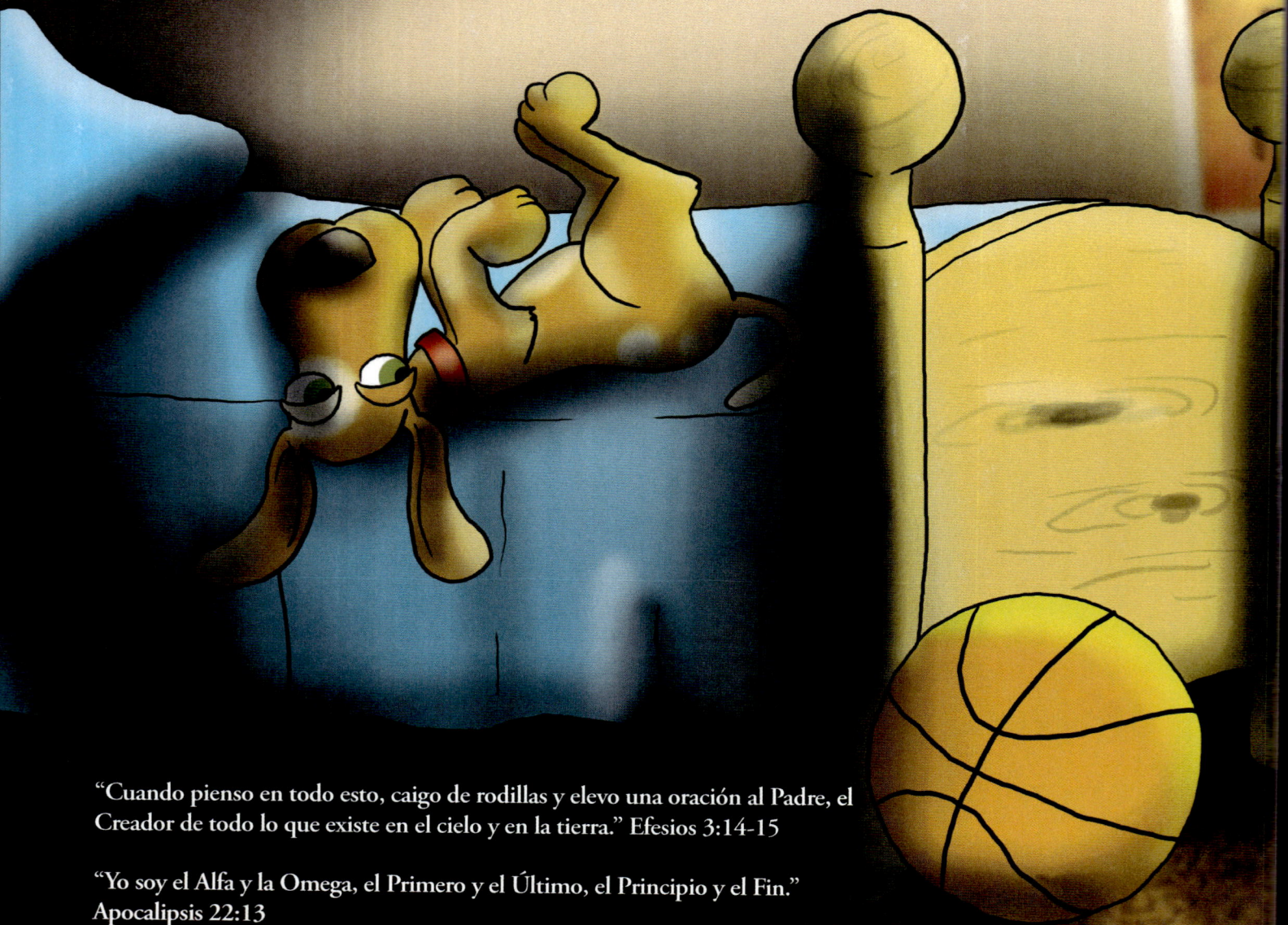

"Cuando pienso en todo esto, caigo de rodillas y elevo una oración al Padre, el Creador de todo lo que existe en el cielo y en la tierra." Efesios 3:14-15

"Yo soy el Alfa y la Omega, el Primero y el Último, el Principio y el Fin." Apocalipsis 22:13

Puede que no me veas, pero entiende esta verdad - antes de que nacieras yo te sostuve y te amé.

"Cristo es la imagen visible del Dios invisible. Él ya existía antes de que las cosas fueran creadas y es supremo sobre toda la creación porque, por medio de él. Dios creó todo lo que existe en los lugares celestiales y en la tierra. Hizo las cosas que podemos ver y las que no podemos ver, tales como tronos, reinos, gobernantes y autoridades del mundo invisible. Todo fue creado por medio de él y para él. Él ya existía antes de todas las cosas y mantiene unida toda la creación."
Colosenses 1:15-17

"Tú creaste las delicadas partes internas de mi cuerpo y me entretejiste en el vientre de mi madre. ¡Gracias por hacerme tan maravillosamente complejo! Tu fino trabajo es maravilloso, lo sé muy bien. Tú me observabas mientras iba cobrando forma en secreto, mientras se entretejían mis partes en la oscuridad de la matriz. Me viste antes de que naciera. Cada día de mi vida estaba registrado en tu libro. Cada momento fue diseñado antes de que un solo día pasara. Qué preciosos son tus pensamientos acerca de mí, oh Dios. ¡No se pueden enumerar!"
Salmos 139:13-17

Yo te creé para que seas exactamente quien eres... único y especial como cada estrella brillante.

"Tú me hiciste; me creaste." Salmos 119:73a

"Cuenta las estrellas y llama a cada una por su nombre." Salmos 147:4

Eres un regalo para tus seres querido y parte de un plan celestial.

"Nos amamos unos a otros, porque él nos amó primero." 1 Juan 4:19

"A los niños y a los bebés les has enseñado a hablar de tu fuerza..." Salmos 8:2a

"Y sabemos que Dios hace que todas las cosas cooperen para el bien de los que lo aman y son llamados según el propósito que él tiene para ellos." Romanos 8:28

"Puedes hacer todos los planes que quieras, pero el propósito del SEÑOR prevalecerá." Proverbios 19:21

PARADA DE AUTOBÚS ESCOLAR

Yo vine a este mundo para que puedas ver un destello del amor de Dios para ti, através de mí.

"Pues Dios amó tanto al mundo que dio a su único Hijo, para que todo el que crea en él no se pierda, sino que tenga vida eterna." Juan 3:16

"Pero Dios mostró el gran amor que nos tiene al enviar a Cristo a morir por nosotros cuando todavía éramos pecadores." Romanos 5:8

Mi camino no fue fácil, Yo fui a la cruz para que cada vida preciosa sea salva y no se pierda.

"Conocemos lo que es el amor verdadero, porque Jesús entregó su vida por nosotros..." 1 Juan 3:16a

"Entonces Piloto les entregó a Jesús para que lo crucificaran. Así que se llevaron a Jesús. Él, cargando su propia cruz, fue al sitio llamado Lugar de la Calavera (en hebreo, Gólgotá). Allí lo clavaron en la cruz..." Juan 19:16-18ª

"Porque por gracia sois salvos por medio de la fe; y esto no de vosotros, pues es don de Dios; no por obras, para que nadie se gloríe." Efesios 2:8-9

Ahora todo el que cree en Mí y en Mí amor vivirá para siempre en el reino celestial

"No dejen que el corazón se les llene de angustia; confíen en Dios y confíen también en mí. En el hogar de mi Padre, hay lugar más que suficiente. Si no fuera así ¿acaso les habría dicho que voy a prepararles un lugar? Cuando todo esté listo, volveré para llevarlos, para que siempre estén conmigo donde yo estoy. Y ustedes conocen el camino que lleva adónde voy." Juan 14; 1-4

"Les he escrito estas cosas a ustedes, que creen en el nombre del Hijo de Dios, para que sepan que tienen vida eterna." 1 Juan 5:13

"Y la manera de tener vida eterna es conocerte a ti, el único Dios verdadero, y a Jesucristo, a quien tú enviaste a la tierra." Juan 17:3

Nunca dudes de mi amor por ti porque no hay otro amor tan verdadero.

"Conocemos lo que es el amor verdadero, porque Jesús entregó su vida por nosotros." 1 Juan 3:16

"No hay un amor más grande que el dar la vida por los amigos." Juan 15:13

"Yo los he amado a ustedes tanto como el Padre me ha amado a mí. Permanezcan en mi amor." Juan 15:9

"En esto consiste el amor verdadero: no en que nosotros hayamos amado a Dios, sino en que él nos amó a nosotros y envió a su Hijo como sacrificio para quitar nuestros pecados." 1 Juan 4:10

Yo quiero que entiendas, mi pequeño amigo, que YO siempre estoy contigo. Yo SOY amor sinfín.

"YO SOY EL QUE SOY." Exodo 3:14a

"Tu amor inagotable, oh SEÑOR, es tan inmenso como los cielos; tu fidelidad sobrepasa las nubes. Salmos 36:5

"Qué preciosos son tus pensamientos acerca de mí, oh Dios. ¡No se pueden enumerar! Ni Siquiera puedo contarlos; isuman más que los granos de la arena! Y cuando despierto itodavia estás conmigo!" Salmos 139:17-18

"Levanto la vista hacia las montañas, ¿viene de allí mi ayuda? ¡Mi ayuda viene del SEÑOR, quien hizo el cielo y la tierra! Él no permitirá que tropieces; el que te cuida no se dormirá. En efecto, el que cuida a Israel nunca duerme ni se adormece. ¡El SEÑOR mismo te cuida! El SEÑOR está a tu lado como tu sombra protectora. El sol no te hará daño durante el día, ni la luna durante la noche. El SEÑOR te libra de todo mal y cuida tu vida. El SEÑOR te protege al entrar y al salir, ahora y para siempre." Salmos 121

"Su fiel amor perdura para siempre." Salmos 136

Made in the USA
Las Vegas, NV
31 January 2022

ሚኒባስ

ትራክተር

የመኪና ማንሻ መኪና

ቦቲ መኪና

የትምህርት ቤት መኪና

የፖሊስ መኪና

ፒክ አፕ መኪና

ሞንስተር መኪና

ግንዳ ተሸካሚ መኪና

የከባድ ግንባታ ገልባጭ መኪና

WHAT WOULD PUT A WIDE SMILE ON YOUR CHILD'S FACE?

A TOY CAR!

WHAT WOULD PUT A WIDER SMILE ON YOUR CHILD'S FACE?

A TRUCK!

AND WHAT'S EVEN BETTER?

20 CARS AND TRUCKS AND OTHER
AWESOME THINGS THAT DRIVE.

WE'VE GOT HUGE EXCAVATORS, EXCITING FIRE TRUCKS,
FUN POLICE CARS. THIS BOOK OF CARS AND TRUCKS
WILL PUT A SMILE ON YOUR CHILD'S FACE.

ALL THE TRUCK/CAR NAMES ARE IN AMHARIC.